LA PIEDAD DEL CRIMEN

Fernando León

LA PIEDAD DEL CRIMEN

Parte I: Haz
Parte II: Envés

Colección Leche de Burra

Poesía

editamás

Primera edición: julio 2025

Foto de solapa: Christian Polanco
Dibujos a plumilla de cubiertas e interior: Fernando León

EDITA:
Editamás, editorial y contenidos digitales

The mark of responsible forestry

DEPÓSITO LEGAL:
BA-000447-2025

ISBN:
978-84-120502-3-3

MAQUETACIÓN, IMPRESIÓN Y PEDIDOS:
www.editamas.com
924 18 07 91

«Cuando las crueles madrastras inficionan las copas y mezclan hierbas y palabras maléficas ningún remedio hay más a mano que éste, que saca del cuerpo el veneno negro.»
(*Geórgicas, Libro II*, Virgilio)

«¿Qué cosa tan horrible y tétrica como el matar a seres humanos? — dice Lactancio—».
(*El asesinato considerado como una de las bellas artes*,Thomas de Quincey)

prefacio

Nos hallamos en un contexto civilizatorio en torno a la poesía en tiempos difíciles -y ricos-, que aun con amenazas e incertidumbres espero sea cada vez más vivo de convivencia pacífica, tolerante, creativa; con buen uso de la palabra, la razón, la política, la ciencia, el pensamiento y el arte para que los jóvenes no sean la parodia de profecía autocumplida que procuran sectores involucionistas que prostituyen el lenguaje para instalar un relato para justificar totalitarismos. La palabra y las lenguas son para comunicar y crear, no para hacer ruido. Para Borges, «la palabra es lo intrínseco». Y Hölderlin pide en *El Archipiélago* «Déjame escuchar el silencio en tus profundidades».

Con crisis climática, hambrunas, epidemias, pobreza, desigualdades, guerras, depredación de recursos, desinformación, desplazamientos masivos de refugiados e inmigrantes, parece que el mundo se va por un sumidero. Es el mensaje que los caudillos quieren instalar en la opinión pública, con el fin de hacer ver que la democracia y la institucionalidad no sirven, cuando lo cierto es que son la base para la convivencia y un desarrollo sostenible sustentado en los derechos humanos, cívicos, políticos, socioeconómicos, laborales, de igualdad y de justicia social. En realidad hay datos esperanzadores; índices que indican que se van resolviendo problemas, de poco a poco, no de modo uniforme ni todo el tiempo en todos los sitios, pero sí, con mucho esfuerzo se avanza. Y la poesía, como el resto de las artes, es un punto clave civilizatorio. Sí, es útil en su esencia creadora para iluminar en la oscuridad, nutrir la mente y el corazón, sanar heridas del alma y remover los panales del *statu quo* para polinizar los ecosistemas humanos.

María Zambrano propone en su *Razón poética:* «La poesía vendría a ser el pensamiento supremo para captar la realidad íntima de cada cosa, la realidad fluyente, movediza, la radical heterogeneidad del ser»; superando «la dicotomía entre la razón estrictamente lógica y la intuición», unidas en una noción superior que desarrolla en *La Razón en la sombra* y en *Claros del bosque,* explorando «la relación entre pensamiento racional y lo poético» para «comprender la realidad desde una perspectiva más completa y humana». Y aunque el consenso sobre realidad parece hoy roto, aún fortalece *la razón poética* que desmitifica el baudelairiano «ser sublime sin interrupción», tan purista, y tan agotador.

La razón poética -y su dimensión ética- que Zambrano halla en Parménides, Juan de la Cruz, Hölderlin, Machado, Heidegger, o Unamuno -que también ejercita el gremio *Maldito* , Baudelaire, Mallarmé, Rimbaud, o Nerval, Poe, Artaud, L'isle Adam, Kerouac, Ginsberg, Panero o Haro Ibars, cada uno en su ser-, lleva a «estar en la vida comprendiéndola en completud» y a buscar la propia. Como Celaya -cantado por Paco Ibáñez y Serrat-, no concibo la poesía «como un lujo cultural de los neutrales», ni lujo a secas; y su «arma cargada de futuro» -«de bromuro», diría Panero-, tiene sentido como metáfora de resistencia, como el de «alegría» para Almudena Grandes.

Escribe Heidegger en *Hölderlin y la esencia de la poesía* : «Sólo la poesía, que es la esencia del lenguaje, puede preparar adecuadamente el advenimiento del ser». Huidobro dice en *Altazor* : «Un poema es una cosa que nunca es, pero que debería ser». Virgilio lo condensa en un verso que puede explicar el mundo: «Los árboles se han repartido sus patrias». Baja a la calle Alberti en su *Encuentro metafísico* : «Hoy me tropecé con la vida en una esquina». Pacheco tiene en su «estética antipoética» la razón «de los desheredados». Valhondo halla en la poesía «el conocimiento del hombre». Ángel Campos desvela y oculta en *Cal-i-grafías* : «El día no contiene los espacios / ni el vacío habitable del poema / la imagen del que lo escribe.» Y Pessoa interpreta en *El poeta es un fingidor*, musicado por Silvia Pérez Cruz, que «El poeta es un fingidor. / Finge tan completamente / que hasta finge que es dolor / el dolor que en verdad siente».

LA PIEDAD DEL CRIMEN La composición del libro se extiende en el tiempo entre 1986 y 1990. De él se publicaron varios poemas en antologías y en revistas. El título, además de jugar con la idea de la sátira *El asesinato considerado como una de las Bellas Artes*, del humanista Thomas de Quincey, inquiere sobre el crimen como hipérbole vital, sobre la ajenitud, lo incomprensible y el terror que sentimos ante cualquier acto y/o tipo de violencia, personal o colectiva, física o psíquica. También sobre si es una maldición o es sólo parte de la esencia de la condición humana --desde Caín y Abel hasta las guerras actuales--.

En los poemas del cuaderno se cuestiona sobre qué es lo que lleva a alguien, a una persona, a dañar a otra, a matar –más allá del odio, el rencor, el robo, el capricho o la venganza–; qué mecanismos se accionan, sea de forma premeditada o acto reflejo, ¿por maldad? o ¿defensa? Y sobre cómo irrumpe lo trágico, lo cruel, en un momento dado en la vida de alguien y cómo influye la banal incompletud del ser humano en su cotidianeidad. También sobre cuándo la muerte se convierte en última esperanza, cuándo se deshace el aparente oxímoron *piedad del crimen*.

Sirva esta introducción para compartir la razón poética del proyecto editorial *Colección Leche de burra*, expresamente creada para esta edición, que consta de cuatro inéditos: *Pasajero en la niebla, La piedad del crimen, Poemas en busca de libro* y *Versos des-a(l)mados;* y la reedición de *Babel - Al Límite* (opúsculos libros-objeto), *La pasión de un loco, Guillermina* -de 1983 a 2023, selección revisada y con algún texto más reciente-, y *Código iris* (2023/24). La edición es como lote de los ocho libros, o bien cada uno individualmente, diseñada con el esmero y la pulcritud con que se ha creado su contenido, que se presentó en una lectura pública titulada *De quimeras y entelequias* , en el Aula Ámbito Cultural, de Badajoz, en abril de 2025.

I

Haz

Provocada luce la angustia
por el agobio de habitar un féretro
aún abierto, en tu sepulcro, sin afanes,
con la matadera de vigilia.

Mismo crimen perpetuo que se reescribe
desde los anales, en cada civilización
perpetrado una y mil veces. Distintas manos;
iguales motivos. Ella te enterró.

En eterna transgresión ejecuta el mismo
genocidio en cada víctima y proclama que te toca.
Cuando la crueldad anida y circunda el crimen,
la víctima es elegida en su afán cotidiano.

Cómo hemos llegado a esto.
Queríamos entender,
                                sólo entender;
                                no hacer justicia.
Y nos hemos convertido
en vulgares asesinos.

No son delirios los resortes
que tuercen el ánimo en silencio.
No caos de voces que anulen la razón
ni palancas que revienten la cohesión
del cuerpo que esgrime su catadura
con ese candor impostado.

Supura dolor la herida
de tu angustia cuando
otra voluntad te mueve.
Tú solo tienes que descerrajar
un tiro a bocajarro al primer
paseante que encuentres.

Gritos en la estanqueidad de tu arbitrio
mientras tus plantas crecen de noche,
tu conciencia se condensa en *la piedad*
del crimen, arropado por la seguridad
de la autoobediencia. Nadie evitará
tu singladura en las próximas 24 horas.

Lo excelso de la muerte la lírica
mata
y dulce apaga la vida desde otros
confines, en un mar de agonía
ensombrecido por un soplo divino.

Los hijos de *las flores del mal* victimizan
el candor
que huye por los desagües del alma,
con los ángeles dándoles la espalda,
y como ingenuas comadres
murmuran
de lo que no entienden, pero les pertenece
porque es humano.

Tan ajeno el hombre al hombre
que ni las beldades de un dios simpatizan
con lo imperfectible de su obra.

Legiones salvajes aplacan
cerbatana en mano, la fuerza
de la bestia que los domeña
y engrandece en su enfrentamiento
sin cuestionar su animismo idólatra.

Corren descalzos por el pedregal
en la inclemencia sin reparar en dolo
y acechan, agazapados entre cerámica
y folklore, hasta que la trampa rebose
delirio suculento, con su diezmo al sol.

En su antropofagia ancestral saben
que beber la sangre de sus víctimas
les confiere el esplendor de un espíritu
salobre en su condición, que matar
es un acto piadoso obligado al vivo.

Se desvanece el mundo
con la luz tras las cortinas
enfrente
y se nutren los rosales de melancolía.

Afuera, dos cinamomos pueblan
un paisaje urbano que duele
sin una melodía ni viento que te pula
como nudos de vara de avellano.

Apenas el recuerdo
de una colilla
el rescoldo
de una vida inútil
reducida a cenizas.

Unas gafas de sol, clínex
una tacada de periódicos
un desorden, no reniegan
de una mentira piadosa que te socava
mientras te asestan una puñalada
y expiras
con las primeras luces del alba.

Cordero inevitable para el sacrificio urgente,
víctima deliciosa para el oficiante en busca
de la muerte como superación de lo irracional.
Oferta en delirio de sangre con el ritual
de los cuchillos y el caldero como lecho.

Altar que diluye la existencia y su médula
en esencia concentrada en su espesor,
para devolver gracia y grandeza al más sublime
martirio espurio, candente para inmolar
un cuerpo, el camino entre el matarife

y el dios que lo acepta, aunque la oblación
parezca en su expiación una muerte limpia,
pero, cierto, lo es a cuchilladas de precisión
en su realidad como expresión de sacrilegio
contra la naturaleza cometido.

Se pudre la mies en voz alta,
una manada de versos acude
violenta y envilece el grano
del labrador en la era.

Un cuerpo descuartizado
de lustre sanguinolento queda
esparcido en el crepitar de sartenes
en un festín sadoantropófago.

¿Cómo decirlo? No se puede matar
a un semejante y servirlo en la cena
con la excusa de un amor enfermo
y volver a las sencillas labores domésticas.

Amortigua las pulsaciones el flujo
de tejidos oníricos en el subconsciente
como un tren velocísimo en la frontera
por raíles de un sueño a perpetuidad.
Eterno deambular sin estaciones
de partida ni llegada, en mortecino
gerundio que no acaba, siempre andando.

Ausentose el ángel de la guarda
que evitare el descarrilamiento
de un espíritu inane, tan escondido,
por una disculpa. O evitare que la amante
le escarbe el pecho con un estilete
dejando un rastro para el forense
en el cáliz de su cuerpo, muriendo.

Sólo queda en su corazón una punzada,
la destemplanza con que experimentar
el óbito segundo tras la muerte primera,
sorprendida con el tiempo preciso para dar
cobijo en su retina a quien lo arrastra
por el cuello con un cinturón, nudo corredizo,
hasta que pesó demasiado para seguir viviendo.

Había que hacer el viaje, morir
en algún callejón a oscuras, o caer
a un *canale puzzolente di Venezia*
con su atmósfera de podredumbre,
redivivo en su grandiosidad.

Había que tocar la suciedad, el olor
y la náusea de la violencia;
había que aspirar el hedor,
ahogarse en las propias heridas
sangrantes y con costras.

Había que sentir el dolor, verterse
por un embudo umbilical y huir
luego cada cual hacia su soledad
homicida, una noche de bossanova
y apenas conversaciones interrumpidas.

Sorbos de bourbon, silencios, soliloquios
que aguardan tactos y miradas.
La verdad es que usted mató su cuerpo
con un esposo y yo mi alma
con su despedida, entre el bullicio.

Huele la tierra mojada
a nuevo soplo de vida y recibe
en sus poros el humus de restos
orgánicos de quien una vez,
uno y mil días, vivió arrastrando
dudas, destilando lóbregas
miradas camino del desahucio.

Mejor ahogar la conciencia
que la muerte sea piadosa:
                                        asesinato,
que si no, sólo comedia parece,
que se escapa en un soplo
y nos devuelve al barro
que nos reconoce iguales,
donde todo está escrito
                                        malditamente
en orden,
            ordenadamente
                                        muerto.

Dormida estás
al borde
entre sollozos y destellos
por un amor
cansada.

En sueños vives
lo que la realidad te niega
buscando la verdad de un beso,
la seguridad de una mano
perdida
entre tu cintura y tus enaguas.

Despiertas sudorosa. Esperas
que los rayos de sol salpiquen
tu piel de calor y la luz enhebre
tu conciencia antes de dar muerte
al hombre que ocultó la paz
y la felicidad a tus ojos negros,
a tu alma cruda.

Y te perdonas por unos segundos
antes de ejecutarlo en su diván
con la esperanza de un final,
que su muerte no sea también la tuya.
Y así, bordado el cuerpo a puñaladas,
en costurones,
descubre la víctima a su amante
en la simplicidad del óbito.

Homicida fue Caín de su hermano
y de sí mismo al extirpar su yo pastor
por falta de entendimiento.
Mas lo fue su séptimo descendiente, Lamet,
que ya ciego, en jornada de caza, desde
un matorral, asistido de Tubal, su hijo, lo asaeteara
de modo certero en la marca con que el dios
le condenó a vagar sin que pudiera dársele
muerte. Y extinguiose en su completud
al fenecer el yo agricultor que le sobrevivía.
Lo fue Edipo de su padre, el rey.
Fuéralo Cronos al postrar a Urano
y como Saturno al devorar a sus hijos.
Lo fue Judit de Holofernes. Así
continuó la historia, y el dios y su hombre
erraron del mismo modo, cada vez.

Guarda locuras
                    esta mujer
                              asesina
como elixir en ánforas
de preciado
               y recio
                    vino.
Y temerosa huye
                    del don
que a cuestas lleva
                    buscando
cura a un mal cuya bondad
                              ignora.

Mira, bestia
cómo caigo y muero
con desdén.
A golpe de trago yazco
bajo esa mirada que rasura
fragancias,
a puñaladas cosido
por manos ilustradas
de orfebre.

Abandonado a su miedo
paranoico de sangre y muerte
con el regusto por la acepción
segunda del término crimen,
cuando su deseo hubiera sido
evaporarse antes que sentir
la erección del ahorcado.

Qué fácil escribir con el alma sucia.
Acuden las moscas y no paran
en su murmullo, toda la noche.

Cuzco, cuatrocientosmetroscuadrados
de entreplanta en decomiso, cien millones;
lugar idóneo para esconder el cadáver.

Por qué, miserable, no disparas?
A qué esperas, buen hombre
para librar de la vida a tu semejante?

Estaba horizontal el mundo
y líquido aquella tarde.
Con el hígado bien jodido
y el humor amargo.
Enseguida supo que uno de los dos
tendría que disparar primero.

Nace el hartazgo en el desprecio
de amarrar la navaja con la manga
en la reyerta y mancharte.
No prefieres morir
                                        ni es más limpio
que albergar el arma blanca en la carne
blanda de quien se mostró enemigo
mas no pudo solidar tal privilegio.

Hiende
puñal de hielo
tu filo en mi abdomen, retén
la hoja para que la herida enfríe,
que hiele mi sangre
cálida
y evite el rastro grosero
de la evidencia, la huella
de un acto que,
impúdico,
asemeja a una limosna un crimen.

Duele el insecto en la línea
que delimita una sombra sobre
la pared, testigo de la distancia
entre tu sitio y tu aposento
entre tu corazón que sangra
y mi dedo en el gatillo
de una Stellar humeante.

Sueña el hombre
con soñar
lo que vivir no puede
y siente
que le amordaza la vida,
sin resquicio al que asirse
ante incógnitas que se escurren
como un parpadeo
perecederas,
sin tiempo a cargar el hatillo
tan endeble
que para nada sirve en camino
tan prolongado, con la obra sin concluir,
olvidada,
como un exorcismo fallido
contra tanta vehemencia senil,
augurio de grandeza desposeída,
atajada con una bolsa de doblones
un mes sin miseria
y la promesa de ser inmortal
que nadie
nunca
atendió.

Mató acariciando
con la ilusión del tacto,
como un beso despavorido
porque llegaba sin labios,
vacío, envejecido en el aire,
sin amor.
Él, tan falto de caricias,
murió matando.

Vehemente aquella mujer
que en momentos críticos
inhibe el instante de amor
que habita sus entrañas.

Visita a su madre y a plena luz
le aplasta la cabeza con una plancha
vieja, ardiendo. Nada de dos gotitas
de sangre con un punzón en el atlas.

Sólo cuando aquella mirada
se desvanece, sus lágrimas
responden a la piedad
y su locura a la razón.

Hiena remendada arrastra
la voluptuosidad del infierno
sin contradicciones.

Maternidad con sentencia de muerte
adherida, morbo ante un crimen
con temporizador, razón ecléctica.

Embebida en su paladar y su cielo
cultivaba el silencio de su ley sin justicia
ante el hecho consumado.

Andan los dioses sembrando esperanzas
para segar desasosiegos.
                                        Y se crispan
si el barro se filtra de malos augurios
porque mandan que la vida les pertenece
y no corresponde sino a éllos
regar senderos de mortandad.

Acude el hombre al chantaje
                                            divino
y hace la ley ciega con mesura
                                castigo del crimen.
Cree que gana el cielo con su justicia
cuando solo pierde la memoria
y enfurece a los ocupas del Olimpo.

Tras el dolor, indicios
de lucidez para lacerar
la mueca convertida en sonrisa.

Sentir que se para la sangre
y el soplo que el espíritu adelanta
como símbolo de lo perecedero.

Acaso un engaño, recodo
disfrazado de orilla donde nunca
hubo cauce ni ribera.

Misterio sin sutileza, profecía
de muerte tras el encuentro
sin aviso ni premonición.

La daga acciona el instante
para decir adiós y callar,
dejar atrás el miedo, el deseo,
el recuerdo de unos versos turbulentos.

Versión coral en zozobra accionada
ante la abstracción de un desnudo
cuando ya no queda para pensar
el tiempo que nunca tuvo ni entretuvo.

Excusa el vacío donde una posible
verdad, ya innecesaria, descansa
en los preámbulos del sueño,
en despedida, y una voz que te dice duerme.

Se hace la mazmorra acantilado.
Se despeñan lágrimas al abismo,
ánimos anónimos con la esperanza
de rematar el vuelo cuando la caída
es inminente y presume el dolor
del olvido en la encrucijada de un velo
perpetuo que difumina la paz
hasta que se disuelve en el viento.

Llamadas que se cruzan con la ilusión
de morir en la incertidumbre del rasgo
inconcreto de un rostro olvidado
nada más al cruzar la esquina.
Una voz que agoniza pidiendo
perdón y se pierde en el sonido
del aire envenenado, esencia
nuclear que se desvanece y al tiempo
nos extingue en paralelo.

Se burla la eternidad
de nuestras angustias de niños,
las disuelve y mezcla sus restos
con elementos volátiles, sin aromas,
para devolver el polvo al polvo
y la tierra a su parterre dibujado.

No se apiada el Supremo
de las víctimas de sus bromas,
ni los mortales de quienes mueren
porque la vida es ininteligible
y lo que no se entiende,
no existe, o algo así.

Con amor
inmarcesible
te hallas
en metamorfosis.

Una loba te asedia de la espalda al escote,
tu verbo, angelical sustancia que te amarra
a su instinto, a su mirada y a su hocico,
para que tus sueños no tiñan
el débil rasgo del salitre sobre tu piel,
ahora vellosa, de bestia.

Basta una vuelta, mujer licántropa,
un gesto de desdén y desafío.
Abrirá la noche la fuente bajo
cuyo manantial prende el vellocino
teñido con sangre inocente,
cargado de estigma camino al alba.

Sobresalto de muerte violenta
rompe el encefalograma
          la orografía espiritual
que por la fuerza de la costumbre
pone costurones por fronteras
anhelantes de conflictos.

Perdidos, limosneamos algo de verdad
de pasión y de misterio violentando
al otro para no sumcumbir a nuestros límites
sin comprender que estamos muertos.

Solas
las
manchas
de
tu
sangre
sobre
mi
Solo, sin manchas de mi sangre sobre tu camisa.

II

Envés

Entre escombros
y cadáveres
le latía el pulso.

Olvidada la poesía
saciaba sus apetitos
con bolas de alcanfor.

Todo es sueño
al fin
como si vivir fuese un espejismo
entre el subconsciente y la noche
por venir
feeling que acota la medida
y parámetros de la conciencia
entretenida
en la zona orgánica del arte
en madurar unas pocas ideas
la lectura de viejos códigos
y escanciar
los flujos que te ausentan de la especie.

Huyen los versos del vacío
moral que esgrime la pluma
con pócimas de ideas
culpables enredadas
en una tela de araña
de sensaciones huérfanas.

Una fantasía lacera la visión
heterosuicida que se lo lleva
todo y es causa de fuga.
Como un muñeco de cartón
queda sin gota de sangre
ni vísceras en el cerebro.

Al caer la noche
la música deambula
y lo que queda es insomnio,
las huellas de una ausencia
un rastro de levedad
un rasgo inerte que se pierde
con el vapor de una infusión
de manzanilla mentolada
mientras velamos al muerto.

Brota el árbol solo erguido
sobre la superficie del río.
Desde la orilla inundada
languidece la culpa y diluye
en la niebla su figura
una bailarina de puntillas
sobre la sombra del agua.

La aurora baña la vigilia y a ella
el lucero, desde la alcazaba
custodia el lecho de la rivera,
la ciénaga donde se hunde
el olvido y la madrugada
la engulle con su tutú de neblina
mientras el árbol resiste.

Cegado por la leyenda
adquirió por la muerte
la ternura de un amor
homicida.
Su yo
femenino
esquilmó el alma
de la amada y confirmó
una penetración furiosa
en su blanda carne
de cuarenta puñaladas
entre el sudor y su sangre,
sin percatarse de que
la desalmaba en helicoide
enloquecido,
empecinado
en ser mujer también él.

Sonámbulo
otro él le vivía
parásito de su conciencia
en desasosiego.

Desterrado de sí
vagabundo entre nubes
deambula por su exilio
interior y sin novela.

Nacido de padres
perecederos para despertar
en un avemaría
entregado a brazos extraños
adoradores fatuos
de una paz perecedera,
sin esperanza.

La última crueldad
no sirve para blandir
la dramaturgia del moribundo.
Su indulgencia no lo acoge,
se condensa entre lutos
de flores pisoteadas,
incapaz de sentir piedad
de nadie que no sea él,
pero tampoco; ni de sí mismo.

Apremia el claustro materno
a un volver
con ritos
tantanes
y cantos
de ritmos
ancestrales.

Avisa a la mente desquiciada.
Confunde
la falsedad
de un retorno
imposible
a un principio
de olvido
ya perdido.

Llama a la paz ilusión, ordena las primeras emociones.
Del sosiego
al llanto
sin el plácido
espacio
que es
la muerte
para el hombre
ante la violencia.

Con música conjugando el sonido de los elementos:
Agua
latidos
viento
respiración
fuego
como melodía
del sueño.

Cada emoción con su palabra, su frase, su partitura.
La verdad
a ciegas
te destierra
del sonido
de la voz
heredada
sin que
te reconcilie
con la primera
esperanza.

Mueve resortes secretos el dolor en bioestructuras
debilitadas.
Saber
que todo
termina
te da el bálsamo
de la
conformidad.

Resignación ante la impotencia de no ser dueño de
tu destino,
siquiera
de los sentimientos
aprendidos.
Tanto
esfuerzo
es inútil
tanta
desolación
tanto
miedo
a perder.

Asusta descubrir el infierno
la verdad
de donde
vives.
Soñar
que la
muerte
traerá
la paz
es un mito.

Suenan en el trayecto
alambicado
rutilantes los cascabeles
de una guadaña iridiada
que anuncia el epílogo
a una desvanecida andadura.

La ilusión de que un día
-siempre mañana-
tendrá tiempo para la felicidad
eterna trampa de la culpa
de la vereda del emperador
de turno, tan ágiles e impunes.

Sólo un hombre solo ante
una esposa aterida e hijos impacientes
se marcha expirando en ausencia
de una mano, huella última
de desamor tan difícil de borrar.

(Antología Homenaje a Jesús Delgado
Valhondo, Colección Kylix, 1993)

El libro La piedad del crimen de la colección
LECHE DE BURRA
terminó de editarse e imprimirse
el día 30 de Julio de 2025
en los talleres gráficos de
Editamás editorial de Badajoz.